CATALOGUE

DES

OBJETS D'AMEUBLEMENT

DU XVIIIe SIÈCLE

Provenant en partie d'un château

Commode Louis XV, Secrétaire, Tables, Consoles
Meubles en bois sculpté
Sièges, Meubles de Salon, garnis de tapisserie
Belles Glaces Louis XIV et Louis XVI
Crédences Renaissance
Pendule Louis XVI en marbre blanc, attribuée à Falconet
Girandoles, Cartel Louis XV, Pendule Louis XIV
Porcelaines, Faïences, Objets de vitrine
Tapisseries anciennes
Deux belles Robes en soie Louis XVI

TABLEAUX ANCIENS

Portraits, Toiles décoratives du XVIIIe siècle

DONT LA VENTE AURA LIEU

HOTEL DROUOT, SALLE N° 6

Le Lundi 26 Décembre 1887

A DEUX HEURES

Me DELESTRE	M. B. LASQUIN
COMMISSAIRE-PRISEUR	EXPERT
27, rue Drouot, 27	12, rue Laffitte, 12

Chez lesquels se trouve le présent Catalogue

EXPOSITION PUBLIQUE

Le Dimanche 25 Décembre 1887, de 1 heure 1/2 à 5 heures

CONDITIONS DE LA VENTE

Elle sera faite au comptant.

Les Acquéreurs paieront, en sus des adjudications, CINQ CENTIMES PAR FRANC applicables aux frais.

L'exposition mettant le public à même de se rendre compte de l'état des objets, aucune réclamation ne sera admise une fois l'adjudication prononcée.

Paris. — Imprimerie de l'Art, 41, rue de la Victoire.

VENTE DU LUNDI 26 DÉCEMBRE 1887

A DEUX HEURES

HÔTEL DROUOT, SALLE N° 6

OBJETS D'AMEUBLEMENT

DU XVIIIe SIÈCLE

Provenant en partie d'un château

Meubles en bois sculpté
Pendule Louis XVI, en marbre
Bronzes anciens
Porcelaines, Objets de vitrine

TAPISSERIES, ÉTOFFES

Tableaux et toiles décoratives du XVIIIe siècle

EXPOSITION PUBLIQUE

LE DIMANCHE 25 DÉCEMBRE 1887

DE 1 HEURE 1/2 A 5 HEURES

COMMISSAIRE-PRISEUR	EXPERT
Me DELESTRE	**M. B. LASQUIN**
27, rue Drouot, 27	12, rue Laffitte.

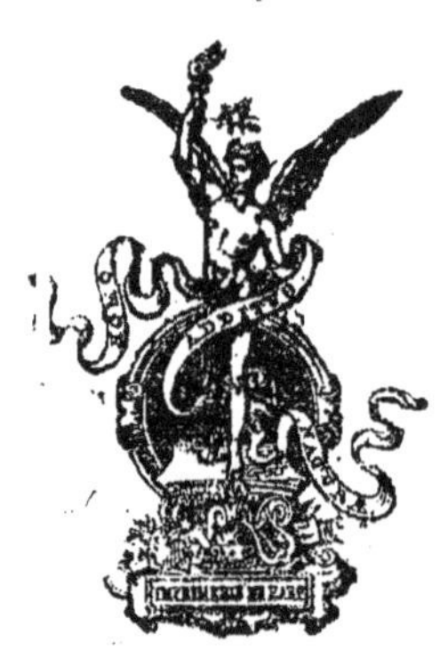

DÉSIGNATION DES OBJETS

AMEUBLEMENT

1 — Petite commode Louis XV de forme contournée, à deux tiroirs, en bois de rose et marqueterie à fleurs, ornée de chutes, de poignées et de sabots en bronze doré. Dessus de marbre.

2-3 — Deux jolies consoles Louis XVI, forme demi-ronde, en bois sculpté et peint en blanc, la ceinture composée d'une frise de rosaces ajourées à laquelle sont suspendues des guirlandes de lauriers. Elles reposent sur quatre pieds fuselés reliés par un entrejambes supportant un vase.

4 — Vitrine Louis XVI en acajou, à montants cannelés de cuivre. Dessus de marbre à galerie de cuivre.

5 — Petit secrétaire Louis XVI en bois de rose

à dessus de marbre blanc entouré d'une galerie de cuivre.

6 — Belle pendule Louis XIV en marqueterie de cuivre et d'écaille ornée de bronzes, pieds à cariatides, applique : l'Enlèvement de Déjanire, chutes à mascarons, et surmontée d'une renommée en bronze. Son support-applique est à volutes détachées également en marqueterie ornée de bronzes.

7 — Console Louis XVI de forme carrée, en bois sculpté et peint en blanc ; la ceinture ajourée est ornée de guirlandes.

8 — Trumeau de glace Louis XVI en bois sculpté et peint en blanc à fleurs et feuilles de lauriers. La glace est surmontée d'une peinture de l'époque représentant une scène pastorale.

9-10 — Deux vitrines de style Louis XVI en bois peint en blanc, ouvrant à deux portes.

11 — Grande table de salon de style Louis XVI en bois sculpté, à dessus de marbre.

12 — Console Louis XVI de forme arrondie en acajou, garnie de moulures, tablette d'entrejambes, à dessus de marbre blanc.

13 — Glace dans un encadrement Louis XV en

bois sculpté à fleurs contournant des enca-
drements rocaille.

14 — Glace dans un encadrement finement
sculpté du temps de Louis XIV.

15 — Crédence de style Renaissance en chêne
sculpté, les panneaux composés de motifs
d'ornement avec têtes en relief.

16 — Crédence analogue à la précédente.

17 — Armoire Louis XIII en bois sculpté ouvrant à deux portes.

18 — Grande armoire vitrée du temps de
Louis XV en chêne sculpté.

19 — Bahut du xvie siècle en bois sculpté à go-
drons et panneaux d'ornements.

20 — Table-bureau Louis XVI en acajou.

21 — Bureau Louis XVI en acajou, à moulures
de cuivre.

22 — Table à ouvrage Louis XVI en acajou de
même style.

23 — Table de nuit Louis XVI de forme ovale,
en acajou. Dessus de marbre.

24 — Guéridon à trois pieds de griffons. Dessus
de marbre avec galerie.

25 — Ameublement de salon du temps de Louis XVI en bois sculpté peint en blanc et garni de cretonne, composé d'un canapé et de six fauteuils.

26 — Grand canapé Louis XVI en bois peint en blanc et or, garni de velours frappé.

27 — Six chaises de même époque garnies de même étoffe.

28 — Six chaises Louis XVI en bois sculpté et peint en blanc, le siège de forme arrondie et le dossier formé d'une lyre.

29 — Quatre petits fauteuils Louis XV en bois sculpté et doré, garnis de tapisserie au point, à figures de danseurs et corbeilles de fleurs.

30 — Six autres fauteuils Louis XV garnis de tapisserie ancienne au point.

31 — Quatre fauteuils et cinq chaises Louis XV en bois sculpté, garnis de canne.

32 — Bergère Louis XVI, forme carrée, en bois peint en blanc.

33 — Ecran Louis XVI en bois sculpté et doré, avec feuille en tapisserie au petit point, à bouquets de fleurs.

34 — Deux consoles d'applique en bois sculpté
et doré, de style Louis XVI.

35 — Miroir avec cadre de cuivre repoussé, à ornements rocaille.

BRONZES ET MARBRES

36 — Jolie pendule du temps de Louis XVI, en
marbre blanc sculpté, composée d'un groupe
dans le goût de Falconet, représentant Vénus et l'Amour, et reposant sur un socle orné
d'une frise de rinceaux en bronze ciselé et
doré. Le cadran, marquant les jours et les
quantièmes, porte le nom de *Furet — Paris*.

37 — Deux jolies girandoles à trois lumières en
bronze ciselé et doré, du temps de Louis XVI.

38 — Cartel Louis XV, en bronze doré, composé d'ornements rocaille et de guirlandes de
fleurs.

39 — Deux grands flambeaux Louis XVI en
bronze ciselé et doré, à tige cannelée.

40 — Coupe ronde du temps de Louis XVI, en
bronze à patine brune, sur trépied à tête de
satyres et pieds de bouc.

41 — Grande pendule Louis XVI en marbre
blanc et bronze doré, modèle à colonne supportant le cadran et deux vases.

42 — Deux vases formant girandoles en bronze
de Feuchères, ornés de cariatides et de bas-
reliefs.

43 — Pendule du temps de l'Empire, forme lyre,
en bronze doré.

44 — Statuette en bronze : Faune flûteur, d'après
l'antique.

45 — Statuette de Faune en bronze.

PORCELAiNES

46 — Deux grandes lampes formées de vases en
porcelaine décorée à l'imitation de Sèvres,
fond bleu à bandeau et médaillon représentant des scènes pastorales.

47 — Deux grands vases à couvercles en ancienne
porcelaine de l'Inde, décor à mandarins avec
rehauts d'or.

48 — Cinq tasses et soucoupes en ancienne porcelaine de Saxe.

49 — Service à dessert en porcelaine de Canton.

5o — Faïences diverses, plats, assiettes et vases, de Rouen, de Nevers et autres fabriques.

5 1 — Plats et assiettes en ancienne porcelaine du Japon, décor bleu, rouge et or.

52 à 60 — Porcelaine de Chine ancienne : vases, plats, assiettes, tasses et soucoupes.

61 à 63 — Cinq plats en ancienne porcelaine du Japon à décor bleu.

64 — Lots de fleurs et fleurettes en porcelaine décorée, pour monture de girandoles.

65-66 — Deux groupes en ancienne faïence blanche, représentant des scènes pastorales.

67 — Vase carré en ancien céladon de Chine reticulé à jour.

68 — Petite fontaine en forme de pêche et son bassin en ancienne porcelaine de Chine, décorée de fleurettes en relief.

69 à 85 — Objets de vitrine : Boucles, médaillons, miniatures, bijoux, argenterie ancienne.

TABLEAUX

86 — Portrait de femme de l'école française, du temps de Louis XIV; cadre ovale en bois sculpté.

87 — Tableau par Natoire : Bacchante tenant une amphore.

88 — Portrait de femme, par Trinquesse, en buste, en costume Louis XVI.

89 — Tableau par le chevalier Volaire : Vue du Vésuve en éruption.

90 — Tableau de l'école de Boucher : Vénus et l'Amour.

91 — Toile décorative par J. B. Le Prince : la Leçon de Musique.

TAPISSERIES ET ÉTOFFES

92 à 94 — Trois grandes tapisseries à sujets de verdure.

95 — Tapisseries anciennes à scènes pastorales.

96 — Deux portières en tapisserie fine, à verdure
et oiseaux.

97 — Très belle robe démontée en riche soierie
du temps de Louis XV, brodée à bouquets de
fleurs en couleurs et ornements rocaille imi-
tant l'argent, sur fond mauve, agrémentée de
passementeries.

98 — Très jolie jupe démontée Louis XVI en soie
à rayures ornées de guirlandes de fleurettes
en soie de couleur sur fond mauve.

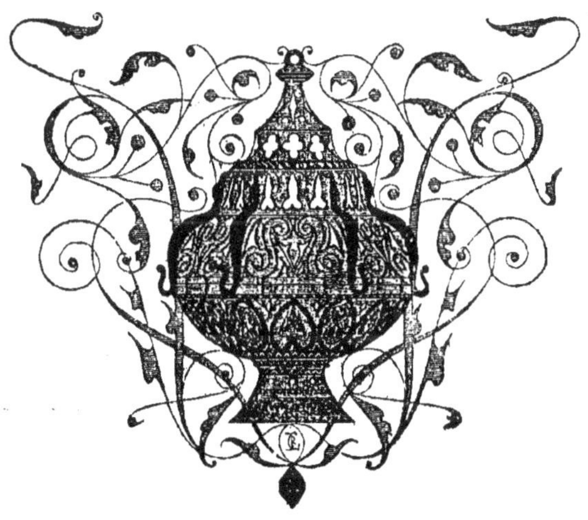